Äiti, Unto ja minä

"Köyhän elämä on helppoa, kun ei tarvitse pelätä menettävänsä jotakin, kun ei mitään olekaan."

Ulla Haapa

Äiti, Unto ja minä

Kuvitus: **Ulla Haavan arkisto**

Toimitus, esipuhe ja alaviitteet: **Petri Haapa**

Kustantaja: BoD™ – Books on Demand, Helsinki, Suomi

Valmistaja: Books on Demand GmbH, Norderstedt, Saksa

ISBN: 978-**952-330-741-4**

Sisällysluettelo

Esipuhe

Anders Ottman ja hänen vaimonsa Maja Lisa (os. Fisk) muuttivat Turusta Silvon kaupunginosasta Tammisaareen. Muuttaessaan heillä oli yksi lapsi eli Maja Lena (s. 1794). Tammisaaressa Maja Lisa synnytti ensin Eva Fredrican (s. 1799), Hedvig Gustavan (1801). Sen jälkeen perhe muutti Karjalohjalle Terävän maatilalle Mustlaxiin. Siellä Maja Lisa synnytti vielä Eric Johanin (s. 1803) ja Brita Christinan (1806).

Hedvig Gustava (Hedda) Ottman meni naimisiin sammattilaisen Johan Reinhold Gröndahlin kanssa ja sai esikoispojan eli Frans Johanin (s. 1828) Ennen pojan syntymää kiertelevää elämää viettävä Johan Reinhold oli kuitenkin muuttanut rengiksi Tammisaareen, sillä kirkonkirjoihin Frans Johan ilmoitettiin syntyneen aviottomana, ja jossain lähteissä Frans Johanin sukunimi tai lisänimi on Heddasson. Johan Reinhold kuitenkin palasi takaisin Karjalohjalle muonatorppariksi ja yhteen Hedda Ottmanin kanssa. Hedda synnytti Eva Lovisa Gröndahlin (s. 1833), mutta sitten taas Johan Reinhold lähti muualle ja päätyi rengiksi Merikarvialle. Hedda synnytti aviottoman lapsen Maria Christina Gröndahlin (s. 1839), jonka nimi on jossain lähteissä Maria Christina Hedvigsson. Hedda meni uudelleen naimisiin vuonna 1845 muonatorppari Nils Nilsson Myrbergin. Mies kuoli jo 45-vuotiaana vuonna 1846. Hedda muutti nuorimman tyttärensä Maria Christinan kanssa asumaan Raswan rusthollin torppaan. Vuonna 1856 torpassa asui enää torpparin leski Anna Gretha Forsell (s. 1781), leski Hedda Ottman-Gröndahl ja leski Ulrika Henrietta Herman (s. 1798). Heddan nuorin tytär Anna Christina oli 14-vuotiaasta lähtien ollut piikana Turussa.

Heddan esikoinen Frans Johan piti kuitenkin sukunimenään Gröndahlia. Hän kierteli palkollisena renkinä mm. Drunkan maatilalla ja Wappulan rusthollissa Karjalohjalla, kunnes sitten asettui Raswan rustholliin muonatorppariksi. Sitä ennen hän oli kuitenkin mennyt naimisiin Maria Christina Genbergin kanssa. Vuonna 1855 Maria synnytti tytön, joka sai nimekseen Eva Josefina Christina Gröndahl ja vielä pojan vuonna 1859. Poika, joka kuoli jo lapsena, sai nimekseen Johan Valfred Gröndahl.

Kun Eva Josefina oli 14-vuotias eli vuonna 1869, niin hänen oli jo merkitty Anjalan seurakunnan pääkirjaan Rabbelugnin kartanon palvelusväkeen kuuluvaksi yhdeksi kartanon piioista. Hän synnytti Anjalassa vuonna 1878 aviottoman lapsen Mathilda Evelina Gröndahlin. Toinen lapsi näki päivänvalon 1881 ja sai nimekseen Ida Josefina Gröndahl

Rabbelugnin kartanon omistaja Carl Gustaf Fabian Wrede oli naimisissa Margareta Sofia Eleonora Glansenstiernan kanssa. Glansenstiernat omistivat Arrajoen kartanon, jonka Wredet perivät Margaretan vanhemmilta. Koska Carl G.F. Wreden vaimo oli kotoisin Arrajoelta, hän synnytti yhden lukuisista (kaikkiaan 15) lapsistaan eli Rabbe Vladimir Wreden lapsuudenkodissaan Arrajoen kartanossa. Rabbe Vladimir siis syntyi perimässään kartanossa.

Kun Wredet asuivat keskellä suomenkielistä ympäristöä, niin heillä oli alituisena huolena ruotsin kielen säilyminen suvun puhekielenä. Ruotsinkielistä palvelusväkeä siirrettiin Arrajoen kartanoon mm. Anjalasta suvun pääkartanosta. Tällä tavoin itsellinen Eva Josefina Christina Gröndahl muutti Arrajoelle osaksi kartanon palvelusväkeä. Arrajoella sitten huomattiin, että Wreden jälkikasvusta kaikki eivät oikein ruotsia enää taitaneet, joten heidät lähetettiin kielikylpyyn Arrajoelle. Arrajoki oli siis eräänlainen ruotsalaisuuden keskus umpisuomalaisella maaseudulla.

Arrajoella ollessaan Eva Josefina Christina Gröndahl synnytti Wäinö Gröndahlin vuonna 1885 ja Hilma Johanna Salmen vuonna 1889. Eva Josefina Christina Gröndahl asui Nastolan Immilän Kalkkolassa pienessä yksihuoneisessa töllissä, joka kuitenkin paloi maan tasalle. Koko elämänsä aikana Eva ei oppinut kunnolla suomea, ja kun tölli oli ilmiliekeissä, hän kiiruhti Immilän kylänraitille huutamaan hädissään, että "tulkka katto meitin torpa pala".

Evan vanhimpien lasten tarina on hämärän peitossa. Hilma Johanna (Hanna) kävi kaksi luokkaa Immilän uutta kansakoulua, jonka syntyyn Arrajoen Rabbe Wrede voimakkaasti vaikutti. Sen jälkeen Hanna joutui pakkaamaan vähäisen omaisuutensa vaneriseen matkalaukkuun ja lähtemään piiaksi maalaistaloihin. Hän kierteli piikomassa mm. Artjärvellä, Lahdessa, Ruuhijärvellä ja Kuivannolla.

Kansalaissodan syttyessä vuonna 1918 Hanna Salmi oli 29-vuotias. Hän pysytteli syrjässä kansalaissodan tapahtumista, vaikka hänen sympatiansa olivatkin vahvasti punaisten puolella. Kun sota päättyi punaisten kannalta onnettomasti, niin hänen tiedetään vieneen leipää piikaystävälleen, joka oli yksi Fellmanin pellolle Lahteen kootuista yli kymmenestätuhannesta punavangista.

Tämän esipuheen tarkoitus on osoittaa, että kaikki me tulemme jostakin. Myös me niin sanotut pienet ihmiset, jotka aina meinaavat jäädä marginaalisiksi sivuviitteiksi tärkeistä ihmisistä kertovien historioiden sivuille. Jokaisella meistä on vanhemmat ja useimpien tiedossa on ainakin äiti, joka on hänet maailmaan tuonut.

" **Äidit vain, nuo toivossa väkevät, Jumalan näkevät. Heille on annettu voima ja valta kohota unessa pilvien alta ja katsella korkeammalta.**" Lauri Viita

Petri Haapa

Johdanto

Elämä alkoi Kuivannolla Vehkalan talossa 1932. Onnetonta kun tuli kaksoset, kun ei olisi tarvinnut yhtään, siellä pienessä mustassa saunassa. Kun Äiti oli Nastolassa kirjoilla, niin sen aikainen vaivaishuolto kyöräsi meitit Kumian kunnalliskotiin. Ei se varsinaisesti ollut kunnalliskoti, mutta toimitti sen virkaa. Täytyihän olla paikka, minne elämässään epäonnistuneet vietiin – voi Äiti parkaa. Sitten Nastolan kunta osti Sylvöjärven rannalta Kuoppalan tilan. Se oli valtavan iso tila, koska siitä sitten myöhemmin lohkaistiin kuusi maatilaa evakoille.

Kunta sijoitti meitit sinne. Äiti oli karjakon apulaisena ja sai sieltä ensimmäisen oman kodin itselleen. Siihen asti Äiti oli asunut talollisten uuninpankolla tai vastaavassa loukossa, jossa vain oli makuupaikka. Nyt oli oikein hellahuone, yksi sivustavedettävä sänky, kolme tuolia, pöytä ja ompelukone. Hellan lisäksi siinä oli kaikki. Varustuksena oli olkipatja, tyyny ja matonpätkä patjan päällä. Äitini tunsi varmaan vihdoinkin omistavansa jotakin. Vähän tavaraa, mutta ennen kaikkea oman itsensä: "Päivä ja työ on talon, mutta vittu ja yö ovat minun."

Äiti kertoi, että kun hän aamulla kello neljä lähti navettaan, jätti meidät lattialle, kaatoi tuolit ja pöydän keskelle lattiaa, ettei päästy puremaan toistemme sormia poikki. Siinä sitten varmaankin huudettiin kita levällään, kunnes Äiti tuli navetasta takaisin kahdeksan aikoihin, oli muutaman tunnin kotona ja lähti taas iltapäivällä takaisin navettaan töihin ja palasi taas illalla kahdeksan aikoihin kotiin.

Sitten helpotti, kun opittiin kävelemään ja voitiin olla Äidin mukana navetassa. Ei tarvinnut enää olla kotona mörkojä pelkäämässä, sillä ainakin varhaislapsuus oli yleensäkin pelkkää pelkoa. Uhkaamalla ja pelottelemalla lasta siihen aikaan kasvatettiin. Alkuilta nukuttiin navetassa. Unto makasi jauholaatikon päällä ja lauloi itsensä uneen "kaukana hän luona toisen jo on…". Oli näemmä oppinut karjakoilta. Äitikin oli hyvä laulamaan. Minä sen sijaan vain nukuin lehmien syöttöpöydällä – se oli "turvallista".

Ihailin Äitiä, kun hänellä oli siniruudullinen karjakon työasu ja valkoinen esiliina. Se oli niin kaunista – Untonkin mielestä. Äiti kantoi meidät sieltä navetalta kotiin nukkumaan. Ensin kuitenkin syötiin iltapalaksi makeaa rehulanttua.

Unto oli mietiskelevä ja hiljainen. En tiedä mitä mietti. Otsa oli kurtussa. Kun sitä miettii näin jälkeenpäin, niin olikohan se liian viisas niin alkeellisiin oloihin. Jos se olisi syntynyt myöhemmin tai toisenlaisiin oloihin, niin se saattaisi olla suuri tiedemies tai sitten joku kapinallinen. Minä taas olin sellainen räpätäti ja Unton äänitorvi, kun luulin tietäväni, mitä Unto ehkä olisi sanonut, jos se olisi ehtinyt ensin.

"Köyhän elämä on helppoa, kun ei tarvitse pelätä menettävänsä jotakin, kun ei mitään olekaan."

Se oli vielä sitä viattomuuden aikaa. Ei ollut sitä "syntitaakkaa", joka painoi sitten myöhemmin: ei ymmärretty olevamme huorakakaroita. En tiedä kuinka Unto sen ymmärsi. Siitä ei koskaan puhuttu – ei edes aikuisina. Se oli vain sellainen musta varjo, joka piti ottaa aina huomioon. Ettei astu parempiensa varpaille. Tämä oli se tausta sen ymmärtämiselle, että vapaus itsensä ilmaisemiseen oli siellä, missä ei oltu parempien tiellä: metsissä, järvellä.

Kunnantilalla

Oltiin siis jotain kahden vanhoja, kun muutettiin kunnantilalle, eli sinne Sylvöjärven rannalle. Varhaisin muisto on se, kun kunnalliskotia alettiin rakentamaan. Alkuun kaivettiin iso kuoppa ja se jo pelotti pientä lasta. Sitten sinne tuotiin se iso musta "mörkö" (keskuslämmityskattila). Äitin sylissä oltiin ja pelättiin. Kukaan ei pitänyt aiheellisena kertoa lapselle, että mikä se "mörkö" oli, mikä oli siinä mielessä hyvä, että se antoi tilaa lapsen mielikuvitukselle. Sehän olisi voinut olla vaikka veturi, tai mikä muu tahansa.

Mahtuihan niitä ilonpilkkujakin köyhän lapsen elämään ja yksi sellainen tekniikan ihme oli linja-auto, joka kulki Heinolantietä. Sitä sanottiin Helsinki – Heinola –autoksi. Sitten oli sen "lamminpää", joka kolusi näitä pieniä kyliä. Siinä oli etupää linja-autoa ja takapää lava-autoa. Sitä sanottiin "sekaretkuksi".

Näitä autoja käytiin tien laidassa katsomassa ja tuntui kuin oltaisiin osa isoa, ihmeellistä maailmaa. Pähkäiltiin kaikenlaista ja Unto selitti. Minä uskoin ja uskottava se oli, sillä muuten olisi tullut peräkkäin juoksu. Me tapeltiin varmaan normaalia enemmän. Kuulemma kaksoset tappelee enemmän kuin muut. Varmaan siksi, että kohdussa oli niin ahdasta, siellä jo potkittiin toisiamme päähän. Mutta hädän hetkellä turvauduttiin aina toisiimme. Unto oli arka kunniastaan ja tietämyksistään niin kuin kaikki miespuoliset ovat.

Siitä pikkuhiljaa maailma rupesi avautumaan ja uskallettiin kävelemään jo jonkin matkaa maantienlaitaa, jolta löytyi kauniita karamellipapereita. Niitä sitten peukalon kynnellä suoristettiin. Ne olivat kallisarvoisia aarteita. Ojasta löytyi myös piipputupakan aski, joka tuoksui niin hyvältä, että otin sen talteen ja söin sen vahan siitä sisäpinnasta. Unto kanteli Äitille, että Ulla söi tupakka-askin. Tämän jälkeen söin myös ne tupakan natsat, jotka kotona käymään tulleet vanhemmat veljeni heittivät tuhkaluukkuun. Unto ei osallistunut näiden "huumausaineiden" käyttöön. Oli vissiin sen verran viksumpi – tiedä häntä.

Oltiin Äitin kanssa muutaman kerran käyty Salmisen mökissä. Se oli Sammalsillan tuntumassa, Toivonojantien varressa. Kunnan mökki täynnä torakoita, luteita ja täitä "seassa lapsia pellavapäitä", jotka olivat saman ikäisiä kuin me, mutta ei yhtään poikaa. Surkeaa Unton kannalta, kun joutui elämään pelkästään naisten maailmassa.

Aikamme kinuttiin, että saatiin mennä kahdestaan Salmiselle leikkimään. Saatiin lupa sillä ehdolla. että Unto pitää minua koko matkan kädestä kiinni. Takaisinpäin tytöt saattoivat meitä vähän matkaa, suunnilleen kunnalliskodin ruumishuoneen tuntumaan. Sitä pitemmälle hekään eivät uskaltaneet tulla, koska siellä saattoi olla ruumis. joka oli kauhistus. Niitä ruumiita oli aika usein. Kunnalliskodissa vaihtuvuus oli aika suurta.

Pikkuhiljaa reviiri laajeni ja kiivettiin jopa sonnin aitauksen katolle Kaapo-sonnia härnäämään. Kerran se tuli voimalla aitauksen läpi. Se oli vaarallinen irrallaan. Joskus meillä kävi kunnalliskodin mummo meitä katsomassa. Se piti Untoa sylissä ja lauloi yksitoikkoisella nuotilla "ammua mennään kattomaan, Kaapoa mennään kattomaan".

Unto ei meinannut vieraantua vauvaikäisenä tissistä, joten se vietiin sitten Aaltosen Alinalle vieraantumaan. Itse en sitä muista, vaan Äiti kertoi myöhemmin. Unto ei oikeastaan pelännyt yhtään mitään, ei edes työnjohtaja Väinö Hankaata, jolla oli iso maha ja kellonvitjat mahan päällä. Rouvaansa piti tituleerata nimellä "Rouva Täti". Heillä oli kaksi meidän ikäistä tytärtä ja pieni poikavauva. Liisa, Leila ja Lasse olivat niiden nimet.

Asuttiin samassa talossa, mutta "Rouva T:n" mielestä me ei oltu tarpeeksi hyvää seuraa heidän lapsilleen, joten niille hankittiin isojen talojen lapsia seuraksi. Ei me siitä välitetty, sillä olihan meillä Salmisen likat: Maire, Liisa ja Terttu, samoja "lainsuojattomiin" kuuluvia hylkiöitä. Oli ne sentään avioliitossa syntyneitä, eli siis piirun verran ylempänä kuin minä ja Unto, vaikkakin mökkinsä oli kuin Ryysyranta. Isä, Anselmi, oli kova pieremään ja haisi paskalta. Äidillä, Maijalla, ei taas ollut koskaan alushousuja, mutta hyvää mämmiä Maija teki koko talven, ja sehän se Anselmia pieretti.

"Ei me tiedetty kellon kulusta, eikä päivienkään. Kesät tuli aikanaan ja joulut sekä talvet. Ei huolta huomisesta. "

Kuva 1 Minä, Äiti ja Unto

Navetan vintti oli mystinen paikka, eikä sinne olisi saanut mennäkään. Sinne ajettiin elukoiden heinät ja lehmien lantut. Siellä oli kaksi luukkua: toinen johti lehmien pöydälle ja toinen talliin. Putoamisen vaara oli suuri ainakin pimeällä. Kyllä me silti heitettiin lanttuja lehmille. Silloin meidän piti pyytää anteeksi karjakolta tekosiamme ja se oli häpeällistä.

Kerran kiipesin isoon kuuseen korkealle. Unto oli kiivennyt sinne aikaisemmin ja alas tultuaan tykkäsi, ettei sisko uskalla. Katsoin alas ja kauhistuin, kun alla näkyi jotain kauhean kirkasta. Huusin Untolle, että täältä näkyy taivaan katto. Unto totesi, että kunnalliskodin peltikatto se vain on.

Unto teki paljon retkiä yksinkin, kun minä olin Äidin kanssa lypsyllä. Untolla oli linkkarikin, jolla se vuoleskeli aina jotain ja passasi itsensä valjastupaan ruokatunnin ajaksi. Kai se tykkäsi olla miesten porukoissa ja katteli, kuinka hyvät eväät kelläkin oli. Niemisen Kallella, joka oli niin sanottu etumies ja kova kommunisti, eikä joutunut sen takia sotaankaan, vaan oli ikään kuin tarkkailun alaisena kunnan töissä, oli aina pannulla paistettua sianlihaa leipien välissä. Salmisen Anselmilla taas oli pelkät leipäpalat. Unto kertoi, kuinka Kalle söi ja kehui olojaan. Lapsiaan se nimitti: Alli meilän, Yletön, Topi, Poikahurja ja Romo. Unto kaipasi miehen mallia. Ei sitä silloin kukaan ymmärtänyt. Pieni poika mietti, eikä ollut keneltä kysyä, ei uskaltanut, ei kehdannut, ei asettunut naurunalaiseksi. Ainoa korkeakoulu oli valjastupa ja siellä kuunteli isojen miesten juttuja, asetteli niitä itsekseen mielensä lokeroihin.

Joulut olivat jännittäviä, etenkin aattoillat. Äiti häipyi aina jonnekin muka joulupukkia vastaan. Unto kanssa mentiin jo valmiiksi sängyn alle piiloon ja sitten pukki jo tulikin. Äiti oli itse pukkina, vaikka me ei sitä pelokkaina tunnistettu. Pukki toi yleensä piiskoja ison nipun ja suklaarasian, minulle nuken ja Untolle puuhevosen. Silloin hevonen vastasi nykyistä autoa ja joka pojasta piti tulla hevosmies. Tosi rohkea oli sellainen poika, joka uskalsi mennä hevosen mahan alta.

Sitten Rouva-Täti tuli hakemaan meitit alakertaan katsomaan, mitä tytöt saivat pukilta, ja kyllähän he saivat paljon. Meillä oli ainainen nälkä. Leipää, perunoita ja maitoa oli, mutta ei koskaan mitään hyvää. Suu huusi: HYVÄÄ. Alakerran tytöt olivat lihavia.

Joulukuusi kaatui, pukin parta syttyi palamaan, pukki makasi mahallaan eteisen lattialla ja nauroi. Me luultiin, että se itki. Luultiin ettei se voi ensi jouluna tullakaan, jos sen parta ei kerkiä kasvaa. Kerran pukki toi meille sukset. Silloin oli jouluna vain vähän lunta, mutta Unto oli niin innoissaan, että laski pihasta pellolle ja uudet sukset meni heti poikki. Sattui kivi olemaan tiellä, ja kunnantalon Lauri tuli siihen hätiin, kun Untoa itketti kovasti. Lauri lohdutti, että "sattuu niitä isompiakin vahinkoja: valtiolla junat menee kiskoilta ja muuta". Lauri oli ollut kunnan hoidokkina lapsesta asti, sen äitikin oli siellä, mutta ei ne olleet tuntevinaankaan toisiaan.

Sitten oli Tauno, iso komea mies, joka oli jäänyt jostain syystä 4-vuotiaan tasolle ja pyysi aina: "anna allakka, anna markka". Tauno ui alasti järven keskelle, seisoi siellä matalassa kohdassa ja lauloi: "käy yrttitarhasta polku...". Sillä oli virheetön sävelkorva, mutta meistä lapsista se oli joskus kammottavaa.

Vanhemmat ihmiset puhuivat joskus, että jollain oli matala moraali, ja me lapset funtsattiin, että mikähän se moraali oikein on. Tultiin siihen tulokseen, että täytyi olla kyseessä miehen munat ja päätettiin mennä katsomaan, kun Lauri meni paskalle sontaruumaan. Matalallahan moraali oli, kun Lauri oli kykkysillään, kun taas työnjohtajan moraali oli korkealla, kun se istui korkealla ulkohuoneessa, kun me alhaalta kateltiin. Se oli riskialtista hommaa, jos työnjohtaja olis huomannu. Me osattiin kuitenkin kulkea kuin aaveet, ettei oltais parempien tiellä. Äiti sanoi usein, että olkaa pois tästä pihapiiristä.

Uimarannalla oli kiva olla, kun kerkisi kasvimaan kastelulta ja kitkemiseltä. Kerran Unto kekkas, että aseman isot pojat mittasivat vehkeitään venevajan seinään. Siinä oli kynällä merkit. Aasilan Jaskalla oli isoin, olihan se itsekin kaikista isoin poika. Se oli meitin ranta, oltiin katkeria, kun aseman pojat ja tytöt tulivat sinne. Se oli pyhäinhäväistys, pilkkasivat Taunon alastomuutta, joka meille oli täysin luonnollista. Taunolla oli jotain, mitä ei ollut niillä pilkkaajilla – viattomuus.

Isot veljet tulivat joskus käymään ja minä pinkaisin heti karkuun, kun ujostutti kamalasti, kun he olivat olevinaan niin komeita miehiä. Ei Äiti koskaan selittänyt, että ne olivat vaan meitin veljiä: Sulo, Kauko, Olavi ja tietysti Vieno-sisko, laiha tumma kummajainen, joka seisoi pihassa valkoinen rippipuku päällään. Kysyin Äitiltä, että kuka se oli. Vieno vaan, vastasi Äiti. Sitten se hävisi jonnekin. Jonkin ajan kuluttua se tuli takaisin. Oli kai Salpausselän tuberkkeliparantolaan päässyt töihin, eikä enää ollut huutolaisena. Kurja elämä oli hänen osaltaan muuttunut vähemmän kurjaksi. Voi sentään Vieno-ressukkaa.

Unton kanssa ne tanssia jytyytti vintin isossa eteisessä ja lauloivat "viimeisen lanttinsa tämä poika joi". Minä en suostunut tanssimaan Se oli jenkka. Ne oli hyviä, iloisia aikoja, ei ollut sota vielä alkanut. Tai ei se sota lasta paljon surettanut, vaan toi lisää jännitystä elämään.

Näihin aikoihin, juuri ennen sotaa, tuli taas uusi nätti karjakko. Karjakot vaihtuivat aika usein. Ahdisteliko se työnjohtaja niitä, kukaties? Ei siitä puhuttu.

Kevään tullen tulivat myös kulkurit, jotka kulkivat talosta taloon, eivätkä olleet missään kirjoilla. Kesän tekivät töitä ja syksyllä lähtivät taas kulkemaan. Näin tuli Tramppa Turuust. Tramppaamalla kulki, siitä liikanimi ja oikeaa nimeä ei tiedettykään. Rakastui karjakko Kerttuun. Halasivat pihlajan alla ja siitä se alkoi, sanoi Unto. Syksyn tullen Kerttu kävi Äitin luona ja itki joka kerta. Minua se askarrutti ja kysyin, että miksi se itkee aina. Äiti sanoi, että sen päätä särkee. Unto oli tietenkin valjashuoneessa kuullut miehiltä asian oikean laidan, otti minua kädestä kiinni, vei eteiseen ja tokaisi, että "sehän varttuu lasta, älä enää kysele!" Tramppa häipyi jo puoleen kesään mennessä niin kuin miehet yleensä tekivät. Tuli kuitenkin seuraavana kesänä takaisin ja kysyi, "Misääs Kertu on?" Kerttu oli lapsineen häipynyt, ei tiedetty minne. Tämä oli se tavallinen tarina, elettyä naisen elämää, minkä Hanna-äitini hyvin tunsi, kun oli sen itse kokenut monet kerrat.

Äiti sairasti kerran keuhkokuumeen, vaikka muuten olikin aika terve ja vahva. Oltiin varmaan jotain viiden vanhoja ja luultiin, että Äiti kuolee. Kunnalliskodin mummot kävi kattomassa ja sano, että kuolee se ja sitten joudutte vaivaistaloon. Ei osattu edes vettä antaa, vaan polvillamme itkettiin sängyn vierellä.

Sota alkoi olla yhä enemmän aikuisten puheissa ja varakkaimmat ostivat jopa kaasunaamareita. Piti tulla nykyaikainen "kaasusota", jopa tallimies Kilpisellä oli kaasunaamari. Kilpisen pariskunta oli muutenkin suuri mysteeri, kun heillä ei ollut lapsia. Lasten kesken puhuttiin, että ne ei varmaan osannut "tehdä sitä yhtä konstia".

Pihassa oli puutarha: oli omenapuita, marjapensaita ja raparperia, mutta niitä sai syödä vain työnjohtajan lapset. Äiti oli teroittanut mieliimme, että varastaminen on maailman suurin synti, joten ei uskallettu ottaa edes maahan pudonnutta omenaa, vaikka teki mieli niin, että kuola suusta valui. Raparperin lehden paksut ruodot sai kyllä pureskella. Mutta nehän olivat kunnan hedelmäpuita ja pensaita, joten miksi me emme saaneet niitä ottaa? Ennemmin maassa kuin jumalattoman suussa, ajateltiin varmaan.

Unton huvi oli pelotella minua etenkin kuolleilla. Vintin isossa eteisessä oli sänky ja siinä olkipatja. Päivällä kävin katsomassa, että se oli vain olkipatja, mutta illalla jostain syystä se muuttui ruumiiksi. Lapsen mielikuvitus on niin kerkiävä.

Meillä oli tiettyjä tehtäviä ennen kouluun lähtöä: Piti viedä likaämpäri tunkiolle (tehtäväthän kuuluivat aina minulle, eikä koskaan Untolle). Kerran olin taas tyhjentämässä ämpäriä ja tulossa takaisin rappuja ylös, kun keskellä rappuja oli iso valkoinen möykky. Luulin, että Unto oli pudottanut siihen tyynyn ja kalautin sitä ämpärillä. Möykky nousi kuin haamu ja sanoi "uuh". Pyörryin siihen paikkaan. Se oli se ruumis siitä sängystä tullut vihdoin todeksi. Mutta kyllä Untokin hätääntyi pyörtymistäni.

Vuonna 1939 oltiin kesällä Toivonojan kartanon[1] pellolla harventamassa sokerijuurikasta. Se oli kovaa työtä varsinkin 7-vuotiaalle lapselle. Toivottoman pitkät sarat kovaa savimaata ja koko ajan oli nälkä ja jano, kun evääksi oli riittänyt vain pienet leipäpalat. Jalkaisin mentiin mennen tullen ja sitten vielä keskellä matkaa oli se Sammalsilta, jonka yli piti kävellä. Siinä piti tehdä jonkinlainen rituaali, että muut saivat minut

---

[1] Nykyisin Jorma Ollilan omistuksessa

kävelemään sen yli. Minulla oli kammo siltoja kohtaan. Mukana oli sentään onneksi Salmisen tytöt.

Lapsi sekoittaa työn ja leikin, jotta se jaksaisi paremmin, niin mekin teimme. Hannes Lepo-niminen työnjohtaja kävi meitä komentamassa joskus. Viimeisenä työpäivänä tehtiin "Lepo-Hanskille" mullasta iso hauta, oikein risti päälle ja nimi ristiin. Sanottiin sille, että siitäs sait, kun komensit.

Keskikesällä oltiin juurikaspellolla ja loppukesä paimennettiin kunnan lehmiä laitumella. Se oli vuorotyötä: Unto oli kello 8–12 ja minä klo 12–16. Jo silloin tuli aika pitkäksi, kun piti kulkea lehmien mukana laitumen päästä päähän. Ei ollut juttuseuraa ja joskus otin nuken mukaan, jolle selitin, että minusta tulee isona karjakko ja menen oikein karjakkokouluun. No, onneksi ei tullut. Sitten vihdoin kuului Äitin ääni, hän kutsui lempeästi johtajalehmää nimeltä ja se lähti jolkottamaan lypsytarhaa kohti kello kilisten. Toiset seurasivat kiltisti perässä. Päivä oli täysi.

Kerran kun olin aamuvuorossa, laskin lehmät haasta apilapellolle. Apila oli jäässä ja lehmät villiintyivät, nostivat häntänsä pystyyn ja mölisten säntäsivät karkuun. Minä en voinut niille mitään. Hyvä että edes sen verran ehdin jaloista pois, etteivät ne ruhjoneet minua allensa. Toiset niistä lehmistä juoksi asemalle asti. Työnjohtaja oli vihainen, vaikka Äiti kuinka selitti, ettei niitä oli pidellyt aikamieskään, saati sitten pieni tyttö, mutta saihan työnjohtaja kiukkunsa purettua.

Saatiin sen verran tienattua kesän aikana, että käytiin Meriluodon kaupasta ostamassa kumisaappaat koulua varten. Minä ostin valkoiset ja Unto osti siniset. Loput rahat vietiin pankkiin. Se oli juhlallinen tehtävä. Tiskin takana istui kaksi koppavaa naista. Kysyttiin äidin nimeä ja sitten isän nimeä ja kun ei isän nimeä löytynyt, niin naiset katsoivat toisiaan merkitsevästi, kumartuivat vastakkain ja kuiskuttelivat. Silloin ymmärsin nolostua ensimmäisen kerran. Siitä ei sanottu sanaakaan kotimatkalla, eikä koskaan.

Koulu

Kuva 2 Uudenkylän kansakoulun alaluokat 1930-luvulla

Koulu alkoi 1.9.1939. Mentiin Salmisen tyttöjen kanssa yhtä jalkaa. Liisa ja Maire olivat jo vähän vanhempia ja heihin oli hyvä tukeutua. Terttu oli saman ikäinen kuin me. Alakoulun opettajana oli silloin Hilda Aarnio, reumatismin runtelema, iäkäs, mutta niin hyvä ja lempeä, eikä tehnyt eroa köyhän ja rikkaan välillä. Seuraavana vuonna ei tätä lempeyttä enää ollutkaan, vaan hän oli joutunut sairautensa takia eläkkeelle ja alkoi syrjinnän kausi, jota kesti ja kesti. Onkohan se vieläkään loppunut? Tai on se loppunut, koska olen niin vanha, että kaikki ne, jotka muistavat minun lähtökohtani elämään, ovat jo manan majoilla.

Alakoulussa oli lempeät opettajat, mutta välitunneilla ja koulumatkoilla isommat pelottelivat meitä sanoen, "että sitte ku joudutte __:n luokalle". Naapurikunnan ison talon tytär, minusta kauhea ihminen, joka vihasi köyhiä ja huonompiosaisia: Ei me saatu vastata silloin, kun tiedettiin, ja sitten kun ei viitattu, se kysyi, ja kun ei osattu, se heitti nurkkaan niin, että pää kolisi. Se nipisti käsivarresta pitkillä kynsillään niin, että veri tirisi. Repi yhdeltä pojalta korvalehden irti. Talollisen lapsia se kohteli hyvin, sekä kauppiaiden lapsia, kun niillä oli usein leipää, voita ja kermaa opettajalle tuoda. Unton se heitti korokkeelta kaaressa päin pulpettia niin, että kylkiluut murtuivat. Unto ei saanut henkeä vedettyä, nikotteli sitten siinä lattialla. Kyllä opettajakin hätääntyi, kun pelkäsi, että Unto kuolee. Niinpä se kantoi omasta huoneestaan Untolle karamelleja. Unto keplotteli itsensä pystyyn, heitti karkit sen pirun naamalle ja sanoi, että "tää loppu tähän, ikinä en enää tule tähän kouluun". Opettaja rukoili ja pyysi tulemaan, mutta Unto piti päänsä. Siinä oli opettajalla koululautakunnan kokouksessa selittelemistä, kun yksi oppilas lopetti koulunsa kesken. Opettajan tekemään pahoinpitelyyn oli syynä se, että Unto laski yhden laskun enemmän kuin oli määrätty ja oikein vieläpä, joten eipä kummoinenkaan synti.

Kuva 3 Myöhemmin Unto kävi ammattikoulun ja työskenteli Asevarikko 2:ssa

Ei sen suurempaa pahaa aikuinen voi lapselle tehdä kuin polkea sen itsetunto maahan, että jäljelle ei jää kuin häpeä siitä, kuinka on niin huono ja jopa ruma, joka ei myöskään opettajalta jäänyt sanomatta. Meni monta vuotta ja melkein koko elämä, että itsetunto siitä nousi ja rupesi uskomaan, että itse on jotain, osaan jotain ja voin oppia uutta ja oppia ottamaan vastaan kiitosta tekemästään työstä.

Käsityötunnilla jouduin tekemään isommalle tytölle esiliinaan napinreiän, kun se ei itse osannut, mutta minulle opettaja esitti sen niin, että se oli minulle rangaistus, eikä suinkaan kunnia. Heitti esiliinan silmilleni ja huusi solvauksia perään. No, minä tein kauniin napinreiän, vaikka en siitä kiitosta saanutkaan. Jos sen olisi tehnyt joku lellikki, niin sitä olisi näytelty ympäri luokkaa. "Kissa kiitoksella elää, koira pään silityksellä."

Sitten se keksi, että minä noin 14-vuotias laiha likka rupean siivoamaan koulun jälkeen luokat. Kukaan ei neuvonut, mistä alkaisin ja mitä tekisin. Siivottavana oli kolme luokkaa, eteiset ja raput. Vesi piti hakea kaivosta ämpärillä. Järkeilin sitten itse, että ensin pyyhin pulpetit, opettajien pöydät ja taulut. Sitten lakaisin luokat ja pesin eteisten lattiat. Olin niin märkä ja uupunut, kun pääsin kotiin. Sukat ehtivät talvella jäätyä jalkoihin. Näen vieläkin painajaisia siitä ajasta. Sitten uskalsin sanoa opettajalle, etten enää jaksa tätä, ja samana iltana meille tuli koululautakunnan puheenjohtaja, joka sanoi, että minun on pakko. Sanoin sille, että olin vasta 14-vuotias, ja vasta 16-vuotiaalla on työvelvollisuus. Äiti oli vihainen, kun uskalsin vastustaa kunnan herroja, sillä Äiti tiesi, että lyötyä lyödään aina. Sitä minä ihmettelin silloin jo, ja nyt vieläkin enemmän, että mikseivät vanhemmat nousseet tätä tyranniaa vastaan. Köyhän lapsia oli kuitenkin enemmän, ja kaikki kokivat saman kohtalon. Syy oli ehkä siinä, että herrojen hegemonia piti pelon vallassa koko kylää. Toimitti meitä köyhän mukuloita kasvatuslaitokseen, mikä oli aina yhtenä pelotteena. Joutuihan sinne kaksi poikaa, joiden äiti ja sisko kuolivat kurkkumätään, ja isänsä joi. Kerran kirjoitin aineen kouluhallituksen julistamassa kilpailussa ja minut kouluhallitus palkitsikin, mutta en koskaan saanut sitä palkintoa, vaan opettajan moitteet huonosta käsialasta.

Aikuisena kuuntelin toisten kertomuksia hyvistä opettajista ja kouluajoista. Itsekseni ajattelin, että ei voi olla totta, ei millään. No, se piru on jo kuollut, mutta ei rauhaa hänen sielulleen, ei koskaan rauhaa, ei koskaan...

Ei niin pahaa, ettei jotain hyvääkin, nimittäin koulumatkat olivat iloisia. Koulunmäeltä kun lähti mäkeä alas Sylvöjärvelle päin, sai olla vapaa, leikkiä, nauraa ja hullutella; haukansilmä ei ulottunut sinne. Mutta ne, jotka lähti asemalle päin, heitä haukansilmä vahti kiikarilla aina Myllymäen päälle asti. Aamulla sitten saivat kuulla kunniansa, kun esimerkiksi Nordlingin pojat ja monet muut söivät Hamaran pensasaidasta taikinamarjoja. Nordlingin Kaukon opettaja telkesi siivouskomeroon, johon Kauko jätettiin koko yöksi. Aamulla Kauko oli niin nälästä heikko, että pyörtyi aamurukouksessa. Kaatuessaan kaatoi minutkin, kun seisoin sen takana.

Opettaja huusi kuin kaleija[2] minulle, kun en älynnyt ottaa Kaukoa kiinni ja sain seisoa siitä hyvästä tunnin nurkassa. Nurkassa oli hyvä seisoskella, kun sai olla hetken rauhassa omissa ajatuksissaan. Kyllä sitä oppi olemaan niin huomaamaton ja painumaan lattian

---

[2] Sanonta: huutaa kuin kaleija – kaleija on laivatyyppi (tasasaumainen raakatakiloitu kolmimastoinen laiva, jonka peräosaan oli rakennettu parvi tai kulmagalleria.)

rakoon tarvittaessa. Ei uskaltanut tuoda itseään ja osaamistaan esiin, kun sai puhuakin vain luvan saatuaan ja sitten oli niin peloissaan, ettei saanut sanaa suustaan.

Kerrankin ruokatunnilla oli hernekeittoa (sitähän oli joka toinen päivä ja puuroa muulloin). Sen ymmärtää, että ruoka oli mitä oli, kun oli sota-aika ja pula kaikesta. Minun kuppiini oli sattunut karvainen sian tissi. Jätin sen viimeiseksi ja pähkäilin, että mitenkä salakuljettaisin sen niin, ettei opettaja huomaisi, kun sille piti näyttää, että kuppi oli tyhjä. Lopulta pistin sen suuhuni ja ajattelin, että syljen sen ulkona pois, mutta kun olin opettajan kohdalla kuppeineni, niin opettaja rykäisi ja minä pelästyin niin, että nielaisin sen tissin. Oksetti koko päivän, kun muistin, että se karvainen sian tissi on mun vattassa. Voisiko nykyaikana olla tällaista, nyt opettajat ovat kovilla ja heillä on paineita monelta taholta. Opettaja eli vielä aika vanhaksi. Siihen pätee se sääntö, että Jumala ei huoli, ja piru tietää saavansa"

Kuva 4 Uudenkylän kansakoulun oppilaat 1930-luvun lopussa

Sota

Marraskuun viimeisenä päivänä vuonna 1939 alkoi talvisota. Sanoisinko "siunattu" sota, joka jonkin verran tasoitti yhteiskunnallisia luokkaeroja. Suomen heimot sekoittuivat ja se oli suuri mullistus. Eihän me lapset sitä ymmärtäneet, mutta sen me ymmärsimme, että jotain oli tapahtumassa: Oli välitunti ja kaksi venäläistä hävittäjäkonetta lensi ihan matalalla koulun pihan yli. Nähtiin oikein ne hiippalakit, kun kurkistivat ohjaamon laidan yli ja ampuivat. Onneksi ei osunut, vaan Ristolan pellolle lensivät ammukset. Opettaja kutsui meidät luokkaan ja sanoi, että sota on alkanut ja koulu loppuu tänään tähän.

Ei sitä silloin tajunnut, kuinka suurten historiallisten tapahtumien keskellä oltiin ja mitä oli vielä tulossa. Aikuiset olivat huolissaan, mutta lapset ottivat kaiken muutoksen "ilolla" vastaan. Ei enää leikitty käpylehmillä, vaan kaivettiin korsuja ja rintamalinjoja. Oltiin ajan hermolla.

Jotenkuten käytiin se ensimmäinen luokka. Talvisota loppui kevättalvella ja tuli välirauha. Kunnantilan maat jaettiin siirtolaisille, eikä ollut enää karjaakaan, joten Äiti meni sotilassairaalaan pyykkäriksi. Kunnalliskoti oli muutettu sairaalaksi. Mihinkä lie olivat vieneet vanhukset. Nyt pihassa näkyi vanhusten tilalla haavoittuneita sotilaita: oli sokeita, jalattomia vielä nuoria miehiä. Joku itki, joku kirosi kohtaloaan. Ei ollut vaihtoehtoa heillä, ei voinut valita, vaan oli pakko antaa terveytensä tai henkensä. Mutta se isomahainen työnjohtaja ei ollut sodassa. Mikähän hänet mahtoi pelastaa? Se vaan pällisteli kellonvitjat mahan päällä. Palkkansa sai kuitenkin ja ehkä ihan ansaitusti. Ensimmäisenä joutui talosta lähtemään. Me olimme vahingoniloisia, kun venäläiset sotavangit lastasivat äijän muuttokuormaa autoihin ja meille alkoi vapaus. Katsottiin vierestä, kun vangeille annettiin voileivät käteen. He keräsivät voin sormeensa ja maistoivat pelkkää voita. Ilmeestä näki, kuinka muistoissaan palasivat kauas Venäjälle, lapsuutensa maisemiin, ihmisiähän hekin olivat.

Välirauhan aikana evakot palasivat takaisin Karjalaan kimpsuineen ja kampsuineen. Jäi vain kuusi tyhjää taloa, mikä oli suuri mahdollisuus meille lapsille. Suunniteltiin, että kannattaisiko aloittaa ristiretki Känkäsen talosta vai rivin toisesta päästä eli Kontion talosta. Aloitettiin kuitenkin taivaltamaan Heinolantietä Immilään päin Kontiolle. Oli kevättalvi ja yhä paljon lunta. Kierrettiin taloa, mutta talon ikkunoista yksikään ei ollut auki. Ei auttanut muu kuin palata takaisinpäin Kanniselle, mutta ei sielläkään ollut ikkunoita auki, eikä päästy sisälle. Jatkoimme Himaselle ja sama juttu. Mehän ei missään tapauksessa rikottu ikkunoita, mutta sitten Kaukisen talossa oli jäänyt ikkuna auki ulko-oven päältä. Unto meni edeltä ja veti minut perässä. Unto viisaudessaan pähkäili, että venäläiset desantit olivat jättäneet ikkunan auki ja nyt ne piileksii vintissä. Aikamme kuunneltiin, mutta ei kuulunut mitään ääniä ja hiljaa hiivimme yläkertaan ja vinttikomeroon. Muuta ei löytynyt kuin kärpäslätkä ja pala kaunista silkkipaperia. No, sitten Unto älysi ruveta nuohoamaan uunia, kun ei muka koskaan aikaisemmin ole saanut nuohota. Unto veti joka uunista tuhkat lattialle, mistä tuli kauhea sotku. Minä yritin vähän siivota uunin nurkasta löytämälläni harjalla ja rikkalapiolla. Juuri kun olimme poislähdössä, huomasimme, että tietä pitkin taloa lähestyy mies.

Kahlasi lumessa polkupyörä olkapäällä, punainen kippurasarvinen pyörä.

Iski kauhea pakokauhu: mihinkä päästäisiin piiloon, se varmaan tappaa meitit. Keksittiin mennä piiloon keittiön yläkaappiin, joka oli aivan katonrajassa ja kaksiovinen, joten hyvin sovittiin sinne – kaksi laihaa lasta. Mies tuli sisälle, kulki kaikki huoneet ja katsoi kaikki kaapit. Raplasi yläkomeron ovea, mutta ei ylettynyt aukaisemaan sitä, kun oli niin pieni mies ja me pidettiin kynsin hampain sisäpuolelta kiinni. Sitten se meni yläkertaan ja huusi sieltä, että "haloo". Unto vastasi kaapista "haloo" ja minä olin kuolla pelosta ja nyyhkytin hiljaa, että "älä, älä". Ukko tuli takaisin alakertaan ja taas raplasi sitä kaapin ovea ja kapusi taas yläkertaan ja huusi "haloo". Unto vastasi "haloo" ja minä kävin pelkästä pelosta tajuttomuuden rajamailla. Varmaankin se pikkumies rupesi pelkäämään, ehkä niitä desantteja, joita mekin ensin pelättiin, ryntäsi ulos, otti pyörän olalleen ja juoksi tielle. Me kerättiin sotasaalis mukaamme, kömmittiin siitä samasta ikkunasta ulos, mistä olimme tulleet sisäänkin. Oltiin yltä päältä noessa, mutta iloisia, sillä olihan sotasaaliina sentään kärpäslätkä, saunavihta ja silkkipaperia. Äiti ei kuitenkaan ollut iloinen – jostain kumman syystä. Ehkä siksi, että oli antanut aamulla meille puhtaat vaatteet, jotka olivat nyt noessa. Vittaa tuli molemmille.

Myöhemmin kun jo asuttiin asemalla, näin aseman seinustalla saman kippurasarvisen punaisen pyörän ja tuumailin, että missä olen joskus ton pyörän nähnyt. Odottelin aikani, kunnes pyörän omistaja tuli. No sehän oli se sama pieni mies, jonka olin nähnyt silloin kauan sitten. Tunsin miehenkin vielä: se oli Allan Kallio, joka oli määrätty tarkkailemaan tyhjilleen jääneitä taloja. Ympyrä sulkeutui.

Unto kiukutteli ja riehui usein – ja tappeli. Äiti ajoi sitä kerrankin pitkin peltoja, että olisi antanut vittaa. Ei saanut Untoa kiinni, kun tuli leveä oja vastaan. Unto hyppäsi yli, mutta Hanna-äiti jäi toiselle puolelle. Siinähän se kiukku laantui kummaltakin.

Minä taas en koskaan riehunut enkä kapinoinut Äitiä vastaan. Olin aika kiltti. Joskus minua itketti kamalasti. Olin kerännyt maailman tuskaa sieluni täyteen. Pienen sielun. Pyysin luvan, että saisinko itkeä ja Äiti sanoi, että "itke vaan". Silloin tiesin, että minua ei toruta itkemisestä, kun oli kerran lupa annettu. Minä itkin sydämeni pohjasta. Se vapautti ja helpotti pitkäksi aikaa. Sen tunteen muistan vieläkin. Näin että toiset nauroivat, mutta ei se haitannut minua. Itku on joskus parempaa kuin nauru: se on sielun pesua.

Alkoi jatkosota. Se oli toivotonta aikaa. Ihmiset itkivät paljon, ainakin naiset ja lapset ja myös jotkut miehetkin. Ainakin veljeni Sulo itki, kun piti taas lähteä ja jättää perhe. Perheettömät miehet eivät päässeet siviiliin välirauhan ajaksi vaan olivat siellä jossakin yhtäjaksoisesti kuusi vuotta – ajatelkaa sitä.

Kunnantilalta lopetettiin karja ja sotilassairaala loppui myös. Äiti oli siellä pyykkärinä talvisodan aikana, mutta nyt oli kova paikka edessä: mistä Äiti saisi töitä. Tarjolla oli sikalanhoitajan paikka Metsäkylässä Stuckin meijerillä. "Sinne me ei ainakaan lähetä", sanoi Unto, kun se oli käynyt siellä monta kertaa maitokuorman mukana ja kertoi aina mulle, kuinka hieno ja ihmeellinen laitos se oli. Minä en koskaan päässyt sinne asti, kun Hautaan mäessä minut aina häädettiin kuormasta maantielle ja siitä sain sitten juosta repsuttaan kotiin yksinään. Enhän minä sitä silloin käsittänyt, että ei se nyt niin ihmeellinen paikka ollutkaan, vaan Unska huijasi.

Äiti sai kuulla jostain, että Uudessakartanossa[3] oli karjanhoitajan paikka auki ja lähti kysymään kartanonherralta paikkaa ja saikin sen. Kartanonherra oli nimeltään Edvin Gahmberg ja täysin ulalla maanviljelystä ja karjanhoidosta. Lisäksi oli vielä "hoono soomi". Herttainen ja hyvä ihminen oli kuitenkin.

Äiti sai vapaasti hoitaa karjan niin kuin taisi ja osasi. Alkoi uusi ja ihmeellinen vapaus, josta ennen ei osannut uneksiakaan. Tämä tapahtui syksyllä 1941 tai 1942.

Muuttokuorma oli vaatimaton niin kuin olettaa voikin. Veljeni Olavi ja hänen vaimonsa Linnea olivat apuna, ilman heidän apuaan siitä tuskin olisi selvittykään. Asunto ja pihamaa oli järkytys: miehen korkuisia nokkosia kasvoi rapulle asti, pihaa oli pidetty tunkiona ja rapun katto oli kaatumaisillaan. Keittiö oli iso, mutta se oli karjakeittiö, jossa maitotonkat pestiin talvisin, kesäisin sentään pihalla. Kamari oli pieni ja

[3] Uusikartano perustettiin vuonna 1879. Päärakennus paloi kuitenkin jo vuonna 1949. Sijaitsi nykyisen Mustankallion tilan mailla.

siellä oli Edvinin lahjoittama mahonkipiironki ja sänky. Seinän takana asui tallimiehen perhe ja rakennuksen toisessa päässä oli renkitupa, jossa rengit söivät eväitään.

Kartano oli kiva paikka asua: kukaan ei kytännyt, eikä ajanut pihalta pois. Päärakennuksessa oli majoitettuna sotilaita, jotka olivat henkisten häiriöiden takia vapautettu rintamapalvelusta.

He tekivät töitä Terrikalliolla[4] eli valmistivat ammuksia ja muita sotatarvikkeita. Siinä sivussa he riiasivat kotirintaman naisia, joiden miehet olivat sodassa. Aika julmaa ja sattuihan siinä aikamoisia kahakoita, kun oma mies tuli yllättäen lomalle ja otettiin oikein aseet esille. Kyllähän me jo tiedettiin nää jutut, kun Eriksson lähti kämpiltä näkkileipäpaketti kainalossa Elin Oivia riiaamaan.

Kartanossa oli paljon vanhoja ränsistyneitä rakennuksia: paja, meijeri, sikala, vanha navetta, puutarhurin rakennus, minne ei koskaan menty, koska

---

[4] Sodan jälkeen Suomen puolustusvoimat muodosti Terrikalliolle asevarikko 2:n, joka räjähti 14.8.1965 surmaten neljä ihmistä.

siellä kummitteli, vaunuvaja, koulu, iso sauna (samanlainen on Tampereen Amurin museoalueella), paljon latoja, työnjohtajan rakennus, jossa kartanonherra asui, kun oli jo vanha ja leskimies, eikä kummempaa tarvinnut. Sitten oli vielä pupula, eli pieni hirsitalo, jossa oli kaneja – herra varmaan teki kanipaisteja.

Lisäksi oli vielä palkollisten asuntoja, jollaisessa mekin asuttiin. Kaikki vähän sinne tänne kallellaan, oikea ryysyranta. Yhdessä tuvassa asui mykkä Riika, joka oli kartanon entinen piika, jolle joku herroista oli tehnyt lapsen. Hänelle maksettiin kartanosta eläkettä. Käytiin usein Riikaa katsomassa ja välillä se löi meitä nokkosella kintuille, kun ei älytty lähteä muuten pois.

Sitten sotilaat muuttivat Terrikalliolle parakeihin ja loppuivat pyöreän tornin tanssit[5], joita sotilaat salaa pitivät. Minä olin vielä liian nuori niihin rientoihin, onneksi. Vieno niissä kävi, surkein seurauksin. Päärakennukseen tulivat sotilaiden jälkeen evakot: seitsemän perhettä ja paljon meidän ikäisiä lapsia. Silloin oli pihassa kavereita ja piiloleikit onnistuivat hyvin ränsistyneessä pihapiirissä. Kukaan ei

---

[5] kartanon päärakennuksen huipulla ollut torni

komentanut, eikä ketään tarvinnut pelätä, olimme kaikki samanarvoisia.

Vaikka kartanossa olo oli kaikin puolin auvoista, niin sinnekin piti tulla se, joka taas toi sen suuren häpeän. Vieno-sisko tuli ja oli viimeisillään raskaana. Minä taas jouduin olemaan välikätenä, kun ne riitelivät ja tappelivat. Ja taas se sama häpeä ja nolotus toistui, mikä oli silloin, kun Vienon poika, Erkki syntyi kunnantilalla ollessa.

Minä olin äitini kanssa navettatöissä ja kärräsin sontaa isoilla kottikärryillä korkean sontakasan päälle kapeaa lankkua pitkin. Pelkäsin usein, että putoan sinne hyllyvään sontaan, enkä pääse ylös. Se oli raskasta ja joskus ihan ylivoimaista pienelle tytölle, olinhan vasta vähän yli kymmenen ikäinen. Halusin kuitenkin auttaa Äitiä.

Kesällä oli helpompaa, kun lehmät olivat laitumella. Laitettiin maitotonkat sekä ämpärit ja siivilät ja muu kama rattaille. Valjastettiin Piiu, vanha hevonen, kärryjen eteen ja mentiin lypsylle. Hevonen pysähtyi vanhojen tammien[6] alla varjoon, huilasi

---

[6] Puut kasvavat vieläkin Mustankalliontien varrella.

hetken ja lähti sitten omia aikojaan eteenpäin. Siinä oli sitä maalaisromantiikkaa. Äidillä oli oma kutsuhuuto, jota lehmät tottelivat ja tulivat johtajalehmän perässä lypsytarhaan. Pikkutyttönä olin mukana myös lehmää poi'ittamassa ja sikaa porsittamassa. Oltiin yötä sian karsinassa vahtimassa, ettei emakko kellahda porsaiden päälle, kun ne porsaat oli niin vikkeliä.

Lähteessä säilytettiin maitoja, kun ei ollut muuta kylmää paikkaa. Laitoin Äitin kumisaappaat jalkaani, kun oli satanut ja polku oli liukas ja savinen ja märät lepät oli taipuneet polun poikki. Juosta lompsotin isoissa saappaissa ja astuin vahingossa käärmeen päälle. Käärme sekaantui jalkoihini ja meinasin kaatua. Juoksin vähän matkaa, pysähdyin ja käännyin katsomaan taakseni. Käärme tuli lenkkinä perässäni, pysähtyi ja tuijotti minua silmiin ja sylki. Käärmeellä on niin hypnoottinen katse, että se lumoaa, eikä siitä meinaa päästä irti. Tokenin siitä kuitenkin ja juoksin karkuun, minkä kintuista pääsi. Käärme tuli vieläkin vähän matkaa perässä. Se oli kuin kauhuelokuvassa.

Äiti pesi pihassa maitotonkkia ja siivilöitä. Lähteestä tuomasta maidosta keitin kauravellin äitini opastuksella. Se oli sitä elämää. Ei ollut mitään valittamista, kun ei paremmastakaan tiedetty – hyvä elämä.

Syksyllä oltiin taas paimenessa. Unto paimensi lehmiä ja minä lampaita, sellaisia ulkolaisia isoja rasvahäntälampaita. Ne oli rauhallisia, pitkä häntä viisti maata ja meillä oli jalassa "Kamperin"[7] lahjoittamat miesten monot.

Kartanossa samassa pihapiirissä ympärillä oli aseita, ammuksia ja sotilaita. Oli kuitenkin turvallista, vaikka Helsingin pommitukset kuuluivat joka yö ja kansakunta vapisi. Untolla ja minulla oli iso varasto sotatarvikkeita: pistimiä ja kiväärin patruunoita.

Isoimmilla pojilla oli oikein räjähtämätönkin ammus, joka sitten kuitenkin räjähti, kun ne sitä rassasi. Siinä sitten meni käsiä ja silmiä. Hellan uunissa me sitten niitä sulateltiin, että saatiin muka lyijyä. Patruunasta otettiin nalli ja ruuti pois ensin. Kukaan ei perään katsonut vaan lapset saivat häärätä omia aikojaan oman onnensa kaupalla. Kaiken tämän yllä leijui Venäjän uhka. Sota oli loppumaisillaan ja oli

---

[7] Palvelusväki kutsui tällä nimellä kartanonherra Edvin Gahmbergia

viimeinen sotakesä, joka oli sateinen ja kylmä. Helsingin pommitus kuului yö yön jälkeen tänne asti. Oli epätoivoa, jos ryssä voittaa, niin edessä on Siperia. Miten meidän käy silloin. Oli loppusodan aika ja oltiin taas Unton kanssa kartanon lehmiä paimentamassa apilapellolla. Meillä ei ollut mitään hätää. Voittihan se ryssä lopulta ja oli edessä toisenlainen Siperia.

Sodan jälkeen

Sota loppui aikanaan ja Äitiltä loppuivat kartanossa työt. Oli taas muutto edessä. Ei ollut paikkaa, mihin mennä. Asunnoista oli kova pula, kun piti ne siirtolaisetkin asuttaa, eikä työtäkään ollut. Se oli surku muuttaa kartanosta pois. Siellä oli vapaus, eikä tarvinnut olla kenellekään mieliksi, mutta aikansa kutakin.

Saatiin asunto asemalta, kun Kaino-veljeni oli vaimonsa kanssa saanut sota-ajan lottakanttiinin asuttavakseen. Oli vuosi 1944 ja sota oli juuri päättynyt, eikä Kainolla niin kuin ei monella muullakaan sotaveteraanilla ollut asuntoa. Se oli kuitenkin niin kylmä parakki ja heille oli lapsi tulossa (Seija), että menivät mieluummin asumaan Kainon vaimon, Anitan, kotitalon yläkertaan. Meille jäi sitten se parakki, joka oli tosiaan kylmä, kun oli vain kaksi lautaseinää vastakkain, eikä mitään eristeitä välissä. Sänky täytyi vuorata sanomalehdillä ja liina piti olla päässä, että edes jotenkuten tarkeni talvella nukkua.

Oikeastaan sodan loppuessa loppui myös lapsuuteni tähän.

Entinen lottakanttiini keskellä kylää rautatieaseman läheisyydessä oli kuitenkin kiva paikka asua. Siinä näki kaikenlaista: rautatie junineen, veturi, joka otti vettä, ähki ja puhisi ja oli kuin suuri lempeä mörkö, joka anteeksi pyytäen tuprutti paksun, kivihiilenkatkuisen savun ilmoille ja vetopyörän punainen kampi pyöräytti pari kertaa "suhua" niin, että kipinät lensivät ja lähti itsetietoisena kohti tulevaa. Se loi toivoa ja ylpeyden tunnetta, että kyllä me tästä selvitään, vaikkakin takaraiteella, ihan vieressä, seisoi veturi vaunuineen punainen tähti otsassaan. Se ei ollut lempeä – se pelotti ja ne sotilaat aseineen, hui kauhistus.

Olin 16-vanhana Nastolan ovi ja ikkunassa mönjäämässä sotakorvaustaloihin kuuluvia ovia ja ikkunanpieliä. Ei ollut pensseliä, vaan paljain käsin kastettiin rätti käsiä kirvelevään aineeseen. Sen aikaista olematonta työsuojelua oli se. Kuitenkin, kaikitenkin, on jäänyt väliin koulutus ja ainoa hyvä, mikä jäi mieleen siitä ajasta oli, että ei koskaan mihinkään kouluun, ei ikinä, ei koskaan. En siitä lapsilleni koskaan mitään puhunut, etteivät saisi väärää ennakkokäsitystä. Vasta aikuisille lapsilleni jotain puhuin. Se oli keskitysleiri.

Samassa tehtaassa oli töissä myös äitini. Koko työmaa oli minusta kauhea. Ajattelin, että pitäisi olla elämässä muutakin. Pelkäsin niitä isoja koneita: oikohöylää, tasohöylää, sirkkeliä. Tasohöylällä työskenteli Esko, joka lauloi minulle "sua lemmin kuin järjetön mä oisin". Menin siitä taas kerran ohi ja keikistelin Eskolle, eikä se huomannut, kun kolme sormeaan meni höylässä puolta lyhyemmiksi. Tehtiin Venäjälle...ei kun Neuvostoliitolle sotakorvaustaloihin ovia ja ikkunoita. Me tytöt maalattiin pokia ja karmeja ilman pensseliä tai sutia, siis. Minä surin käsiäni, kun nahka lähti ja melkein kynnetkin. Sitten tuli pelastava enkeli vanhan putkimiehen hahmossa: Onnisen putkimiehet olivat asentamassa jotakin tehtaalle ja se vanha putkimies tuli sanomaan minulle, että "olen seurannut sinua ja olet erilainen kuin monet tytöt täällä ja sinä et kuulu tänne. Onnisen yläkertaan perustetaan ompelimo, mene kysymään, että pääsisit ompeluoppiin". Minä menin kysymään ja pääsin. Tämä vanha mies oli pyytetön, ei mitään taka-ajatuksia, kiitos vielä.

Nuorena asema ja rata olivat minun maailmani. Kevät tuli ensimmäiseksi radalle. Kiskoja pitkin käveltiin. Siellä oli lämmin. Ratapihalla vietettiin aikaa ja asema oli meidän tukikohtamme. Iltaisin tultiin "junille": puoli kahdeksan "kotkalaiselle" ja siitä sitten radan yli urheilukentälle. Rata tuoksui hyvälle, se oli radan haju. Kivihiilen ja karbolitervan[8] vahvaan hajuun sekoittui ulosteen ja virtsan haju.

Nyt rata tuoksuu vain sähkölle ja teknologialle. Siinä ei ole enää yhtään romantiikkaa jäljellä. Ei tule enää rataa pitkin topparoikka kuparinruskeine miehineen, hien, auringon ja karbolitervan kiillottamia lihaksikkaita poikia. Nyt ei enää tarvitse vaihtaa pölliä. Ne ovat nyt betonia. Ei ole ratavartijaa resiinoineen, ei. Sieltä se rataa pitkin tuli minunkin kohtaloni. Mitäs menin radanvarteen ajelemaan uudella punaisella pyörälläni kellohame hulmuten – sitä saa, mitä tilaa. Sain karbolitervalta tuoksuvan kuparinruskean kaverin.

---

[8] Karboliterva eli kreosiitti on yleisnimitys useille korkean lämpötilan avulla puusta, kivihiilestä tai kreosoottipensaan pihkasta valmistetuille kemiallisille aineille. Näissä aineissa on jopa satoja erilaisia kemiallisia yhdisteitä, kuten polysyklisiä aromaattisia hiilivetyjä (PAH-yhdisteet), fenoleita ja kreosoleita. Käytettiin puunkyllästysaineena suojaamaan esimerkiksi sähkö- ja puhelinpylväitä ja ratapölkkyjä.

Työväentalo, se minun aatteeni talo, oli niin lähellä kotiani, että musiikki kantautui sieltä sisälle asti. Ei voinut olla menemättä tansseihin, ja olihan siellä muutakin toimintaa melkein joka ilta. Eihän minua seurantalolle huolittu, vaikka kerran yritinkin tyttöjen voimisteluporukkaan. Sanottiin vain, ettei sinulla ole täällä tilaa, eikä paria. Olin niin tollo, etten ymmärtänyt paikkaani yhteiskunnassa, toisten piti näyttää se.

Kuva 5 Uudenkylän työväentalon nuorisoa 1950-luvulla

Paritanssi oli sen ajan seurustelumuoto, ja jos ei käynyt tansseissa, niin oli joku kummajainen ja katsottiin, ettei ollut ihan normaali. Tanssit oli myös mahdollisuus, jossa sai kenenkään moralisoimatta olla lähellä toista sukupuolta, painaa poski poskea vasten, jos kemiat kohtasivat, tuntea toisen vartalon liikkeet ja tuoksun, eikä vielä ollut pelkoa raskaaksi tulemisesta. Se pelko oli vasta saatolla, riippui siitä, miten käyttäytyi. Toisille tytöille oli hyvin tärkeää, että oli saattaja, vaikka minkälainen lotohousu tahansa, kunhan vain oli. Se teki heistä niin suosittuja. Minusta taas jos ei kaveri ollut yhtään sinne päinkään, niin menin kotiin yksin. Sain siitä ylpeän nimen, "ei sitä kannata edes yrittääkään".

Itävalta

En ole koskaan kirjoittanut siitä nuoruuden aikaisesta Itävallan matkasta. Ensin piti säästää kaksi vuotta, että oli tarpeeksi rahaa matkaa varten (tarviiko nykyään kahta vuotta?). Uudestakylästä meitä oli Suutarisen Helvi eli lempinimeltään "Hemppo". Sillanmäkiä oli Pentti, Juhani ja Tyko. Kaikkiaan Suomesta lähti noin 50 nuorta.

Viikkoa ennen juhannusta vuonna 1952 alkoi matka laivalla Helsingistä Kööpenhaminaan. Laiva oli oikein laivan näköinen, eikä mikään kelluva kerrostalo. Venäläiset seurasivat epäluuloisina laivaamme kirkkain valonheittimin. Olihan Suomeen tulossa olympialaiset ja venäläiset oli varpaillaan.

Tanskassa saatiin meetvurstipötköt, ei oltu ennen maistettu sitäkään herkkua. Siitä sitten junalla Kielin kanavan yli Saksaan. Hampurissa tuli venäläiset sotilaat junaan, ikkunat peitettiin luukuilla ja ovet lukittiin. Oltiin menossa Itä-Saksan vyöhykkeelle. Hampuri oli vielä raunioina, ja hakaristit yhä seinissä.

Se oli kansainvälinen sosiaalidemokraattisten nuorten leiri. Viisikymmentätuhatta nuorta oli majoitettu telttoihin tammimetsikköön Wienin kaupungin läheisyyteen. Wienissä oli vielä pulaa kaikesta: ei ollut mitään ostamista, eikä kunnon ruokaa. Viiniä sai viinikukkulalta, mutta se ei ollut minun juttu. Sainhan sentään kunnian olla suomenlipun oikealla puolella soihtukulkueessa kaupungin läpi. Eino Makunen minut siihen laittoi: "Pitkä tyttö lipun oikealle puolelle", sanoi "missikeisari".

Oli suuri pettymys, kun huomasin, että Hemppo ja Pena seurustelee ja Hemppo oli raskaana. Mulla ei sitten ollut oikein tyttökaveria, vaikka yhdessä piti olla. Viihdyinkin enemmän ruotsalaisten kanssa. Siinä joukossa oli paljon pitkiä, komeita poikia. Se ruotsalainen poika, Ragnar Larsson, tykkäsi minusta kovasti ja toivoi, että menisin sinne. Kirjoiteltiinkin ja Anita, minun ystäväni, suomensi kirjeet. Olin vain niin arka ja tyhmä. Olisi ollut toisenlainen elämä...No niin.

Sitten tultiin takaisin Suomeen, jossa oli alkamassa olympialaiset. Helsingissä oli paljon ulkolaisia, ja Armi Kuuselan missijuhlat pallokentällä. Silläkin tuli oltua

ja sitten vain katselemaan neekeripoikia kaupungille ja
yöjunalla Lahteen.

Ompelijana

Olen aina ollut tehtaassa töissä, ja mielestäni puusepäntehtaassa on kaikkein rääväsuisimmat naiset, kerrassaan rivoja, hui sentään. Kun menin Hämeen-kappaan[9], olin siellä nuorin ja jouduin tekemään kaikenlaisia aputöitä: lakaisemaan lattioita, käymään kaupassa ja sen semmoista. Vanhemmat naiset olivat kuin äitejä minulle, hyviä ihmisiä. Silloin ei ollut mitään kiirettä, ei ollut kellottajia, eikä äärimmilleen vietyjä tavoitteita, oli vain paljon naurua ja iloa. Olin näppärä käsistäni ja "ylenin" pian koneelle ja pärjäsin hyvin. Olin kerrankin ylpeä itsestäni ja kohosin kotikylällänikin arvoon arvaamattomaan, sillä olinhan sentään uskaltanut mennä Lahteen töihin. Olin muodinmukainen, sillä ompelin itse vaatteeni takkeja myöden. Meillä oli toimitusjohtaja, Kalle Häkkä, joka iski minuun silmänsä. Ammatillisesti vain, eikä onneksi muuten. Sain olla ensimmäinen, joka käytti automaattista napinreikäkonetta, joka oli silloin suuri ihme. Takanani

[9] Ompelimo Lahdessa

seisoi aina joukko herroja muilta tehtailta ihmettelemässä. Minulla oli kauniit kädet ja lakatut kynnet, joista sain usein myönteistä palautetta, oi niitä aikoja. Sitten Kalle lähti pois ja meni Vesavaatteeseen[10] toimitusjohtajaksi. Jotenkin tuntui, että jäin tyhjän päälle. Kunnes noin puolen vuoden kuluttua Kalle soitti minulle ja pyysi minua Vesavaatteeseen malliompelijaksi. Häkellyin ensiksi, että onko minusta siihen, mutta lupauduin kumminkin. Pikkuhiljaa ajat muuttuivat: tuli kellottajat, urakat yms. Ompelin kaikki prototyypit ja myyntimallit ja minua kellotettiin urakoita varten. Olin kaikkien vihaama ja juorut, joissa ei ollut mitään perää, lähtivät liikkeelle – mehän vielä Kallen kanssa teitittelimme toisiamme.

---

[10] Ompelimo Lahdessa

Kuva 6 Ompelijana Lahdessa

Ajatelkaa mikä moraali, korkea moraali siis, oli silloin johtajan ja nuoren tytön välillä, vaikka kahdestaan oltiin tehtaalla yötä myöten. Minä ompelin ja Kalle pakkasi myyntimiehen laukkuja, kun piti aamuksi saada valmista. Ei tarvinnut pelätä ehdotuksia, eikä kopelointia. Silloin ei termistä "seksuaalinen häirintä" ollut tietoakaan; sitä ei tarvittu, kun sitä ei ollut.

Veljet ja sisko

Minun pitää kirjoittaa ja selvittää vielä teille, vaikka eihän tämä teitä kiinnosta kuitenkaan, mutta kirjoitan silti, nimittäin niistä minulle melkein tuntemattomaksi jääneistä veljistäni, joita kaikkia lapseni eivät ole edes tavanneet tai ehkä muista tavanneensa.

Enhän minä tutustunut heihin, kun ei koskaan asuttu saman katon alla, ja ikäerot olivat niin suuria – pelkäsin lähinnä. Kovan onnen poikia olivat, nuoruudesta kuusi vuotta meni sodassa. Aika, kun olisi pitänyt saada tanssia ja riiustella, valita itselleen vaimoa. Sitten kävi niin, että käytiin lomalla äkkiä vihillä jonkun sutturan kanssa – onnetonta. Sota loppui aikanaan, ja veljet palasivat vanhentuneina siviiliin tyhjän päälle. Ei ollut tarjolla kriisiapua, eikä aineellista apua. Ei ihme, että he olivat niin katkeria. Rahaa ei ollut, mutta tosin kaupoissa ei ollut mitään ostettavaakaan. Oli ankara pula kaikesta. Maailma oli harmaa kuin pommin jäljiltä. Istuin aseman kiviaidalla, kun sotilaat marssivat rintamalta kotiin. Etsin silmilläni veljiäni, mutta he kaikki miehet olivat niin samannäköisiä: likaisia, laihoja ja partaisia.

Veljistäni Sulo oli nimensä mukaisesti komea mies: raamikas, naurava hurmuri. Naiset hulluina perässä juoksivat ja olisi saanut valita vaikka minkälaisen kaunottaren, mutta kyykähti Tuulikkiin, hulluun muijaan, mutta eihän se Sulolle ainoa nainen ollut. Tuulikin äiti, Lyyli, osti rahalla tyttärelleen komean miehen, ja Sulo luuli saavansa Immilän komeimman talon reittä pitkin, mutta Tuulikin isä olikin takauksessa menettänyt parhaat pellot ja jäljelle jäi vain kiven kolot ja ruma muija.

Kauko oli puolestaan vilkkusilmä kulkuri. Joi ja tappeli paljon ja eli toisinaan kulkurina vailla vakituista asuinpaikkaa. Hän oli ainoa veljistäni, joka oli yhteydessä isänsä sukuun eli Mäkisen rakennusliikkeen porukoihin. Kauko oli ennen sotia rakentamassa kuuluisaa Salpalinjaa Karjalaan. Sodasta tultuaan hän voitti raha-arpajaisissa päävoiton, 300 000 markkaa. Se oli ainoa uhkapeli Suomessa siihen aikaan. Kauko pyysi Äitiltä matkarahaa, että pääsisi lunastamaan voittonsa Helsingistä. Joi sitten koko voiton kolmessa kuukaudessa. Ei saanut Äiti radiota, enkä minä suomimakkaraa ja talvitakkia. Seuraavan kerran nähtiin Kauko Lahden torilla samat haalarit päällä kuin lähtiessään arpajaisvoittoaan hakemaan. Kauko meni sitten naimisiin Annan kanssa, joka teki Kaukosta "miehen", vaikka olihan Kauko Konnunsuon vankilassa silloin, kun sen ainoa lapsi syntyi. Minä olin jo silloin Lahdessa töissä ja vein Annalle ruokaa, ettei olis kuollu nälkään.

Sitten oli Olavi, "herra", aina olevinaan parempi kuin muut. Se johtui osaltaan siitä, että sai huutolaisena olla koko lapsuutensa samassa talossa, kun taas muut veljeni huudettiin joka vuosi eri taloihin. Olavia kohdeltiin kuin omaa poikaa: käytettiin maatalouskoulukin. Olikohan siinä taka-alalla toive, että olisi tullut isäntä taloon, kun talossa oli vain tyttäriä. Olavi kävi poliisikoulun välirauhan aikana ja jäi sille tielleen Helsinkiin, meni naimisiin pienen ja pippurisen Linnean kanssa. Olavilla oli leiskuva vaalea tukka kuin Linnankosken tulipunaisen kukan Olavilla.

Eino ja Kaino olivat kaksoset. Kerron ensin Kainosta, koska Einohan oli aina tottunut jäämään toiseksi ja niin se jäi nytkin. Kaino oli kova puhumaan; suupaltti naisten mies, joka arvosteli julmasti tyttöjen ulkonäköä ihan päin naamaa. Meni sitten naimisiin Anitan kanssa. Huhu kertoo, ja en itse oikein jaksaisi toistaa sitä, mutta huhun mukaan ahdisteli tytärtään Seijaa sukupuolisesti. Seija oli teinityttönä meillä kesäisin isäänsä paossa. Raiskasi sitten lapsenlapsensa eli poikansa Timon pienen tyttären. Tämä on niin kamala tarina, mutta kaipa se täytyy kertoa. Kaino ampui sitten itsensä Kainuun korpeen ja onneksi teki sen itse, sillä muuten Timo olisi sen tehnyt ja pilannut oman elämänsä. No nyt sekin on kerrottu.

Toinen kaksosista oli siis Eino, eli se, joka jäi aina toiseksi. Hiljainen syrjään vetäytyjä ja omanlaistaan huumoria viljelevä ihminen. Lapsena Eino joutui aina huonoon taloon huutolaiseksi, kun oli niin hintelä, ettei katsottu töihin kykeneväksi (sotaan kyllä kelpasi, toim. huom.) Eino meni naimisiin itseään 12 vuotta vanhemman Esterin kanssa. Äitiäköhän kaipasi? Pariskunnalla ei ollut lapsia. Leskeksi jäätyään Eino kulki Venäjällä rakennuksilla töissä, muun muassa

Svetogorskissa. Joi paljon ja kuoli sitten alkoholistien yömajassa yksin ja hylättynä.

Sitten oli siskoni Vieno. Suuri arvoitus. Kuka olit, mistä tulit? Tumma ja tulisieluinen hetken lapsi, jolla ei ollut eilistä eikä huomista, vain tämä hetki kuin kissalla. Hänen elämästään saisi kirjoitettua paksun kirjan, joten sitä on tässä turhaa paljon enempää rääpiä. Sen vain aavistan, että elämässään oli enemmän tuskaa kuin iloa – luopumisen tuskaa. Nyt jos saisin sinut syliini, tuudittaisin kuin äiti lastaan ja antaisin kaiken anteeksi, niin kuin Vienokin minulle. Se on myöhäistä nyt.

Kuva 7 Sisarukset äitinsä hautajaisissa

"Tässä olivat vel jotta jekset ja sisa jotta rukset"

Kaksoset 1950-luvulla

Muistelija 1950-luvulla

Perheen perustaminen

Kymmenen vuotta – junalla Uusikylä – Lahti, ja jossain välissä olin mennyt naimisiinkin, kun tuli se suuri rakkaus. Ei se yhtäkkiä tullut, vaan pikkuhiljaa tuossa 50-luvun aikana. Välillä oltiin ja sitten taas ei; liian kauan seurusteltiin ja kun Äiti oli niin vastaan, niin en uskaltanut tehdä päätöstä. Pelkäsin Äitiä ja Äitikään ei uskonut avioliittoon. Mutta jos olis uskaltanut mennä silloin, kun tavattiin, niin olisi voinut sanoa, että se oli rakkausliitto. Sitten kun koitti se sunnuntai, jonka jälkeen kuulutukset olisi menneet vanhaksi, oli jo pakko mennä. Minulla oli piilotettu pieni kukkakimppu kellarin rapussa. Aukku (Aulis) tuli Ollin (Auliksen siskon mies) autolla (ei onneksi tarvinnut pyörällä mennä). Äiti ei tullut kirkolle mukaan. Sanoi vain, että "me ny, pääsethän siitä sitten eroon". Varmaan olen ollut ainoa morsian, joka on saanut näin ylenpalttisen onnentoivotuksen. Olin niin hölmö, etten osannut siitä mieltäni pahoittaa. Keskinäinen rakkaus oli jo väljähtänyt jonkin verran, mutta mentiin vaan päivä kerrallaan. Näinhän se ehkä käy aina. Eihän sitä suurta onnea kestä sydänkään pakahtumatta. Hyvä elämä siitä vaan tuli; ei ole valittamista paljon ollut ja aika kultaa muistot. Olin jo rouva Haapa, kun esikoinen rupesi kolkuttelemaan ulospääsyä. Silloin piti jättää työelämä ja alkoi uusi jakso elämässä, jonka kymmeneen vuoteen mahtui kolmen lapsen syntymä.

Hyvä mies minulla oli ja hyvä isä lapsillani – liiankin hyvä. Rahjusti rekan kanssa yötä päivää, että sai lapsilleen oman kodin, jonka pihassa sai olla, eikä kukaan ajanut pois. Lastenikin lapset saivat leikkiä siinä samassa pihassa mielin määrin – se oli onnellista aikaa se. Ennen oman kodin rakentamista asuttiin Lahdessa Kymintiellä, Kilkkilän yläkerrassa, valtion rautatieläisten talossa sekä palokunnantalossa Uudessakylässä. Nastolan kirkolle muutimme ensimmäiseen omaan taloon Suntiontielle, mutta vasta Heinätien omakotitalo tuntui omalta kodilta – siinä asuttiin kauimmin, ja nyt tässä Sipiläntiellä, matkanpään majatalossa. Tässä minä kirjoitan keittiön pöydän ääressä hajanaisia muistojani. Saas nähdä asunko tässä hamaan loppuun asti, vai vieläkö pitää muuttaa Linnunlauluun (vanhusten palvelukeskus Nastolassa). Aika näyttää. Tässä on kyllä hyvä sen puoleen, kun naapurit ovat hyviä, eikä ainoastaan taloyhtiössä, vaan noissa omakotitaloissakin.

Loppusanat

On aamuja, kun ei millään tahdo löytyä elämän langanpäätä, vaan se karkaa aina käsistä. Sitä etsiessä menee joskus yli puolenpäivän, kun se vihdoin viimein löytyy jostain puurokupista tai talvisin lumikolasta ja kesäisin kukkapenkistä. Se on hauras ja rispaantunut, eikä se pysy kunnolla käsissä, mutta se on kuitenkin lieka, josta pitelen kiinni koko päivän. Illalla saa mennä omaa sänkyyn, ihanaan sänkyyn ja nukun, nukun toivossa, että tämä on se yö, jonka jälkeen aamua ei enää ole. Tiedän, että hymähdät tätä lukiessasi, mutta näin se vaan on.